AS FLORES DO MAL

Charles Baudelaire

Tradução: Delfim Guimarães

Título Original:
Les Fleurs Du Mal
Baudelaire, Charles, 1821-1867

Tradução: Delfim Guimarães
ISBN: 9798463152428

facebook.com/DyingTreeBooks
© 2021 Dying Tree Books

SUMÁRIO

AS FLORES DO MAL

Spleen et Idéal

**Prefácio
Das
"Flores do Mal"**

Como a lepra voraz no corpo d'um mendigo,
(Que se julga feliz de a agasalhar, talvez!)
A toleima, o pecado, o vício, a mesquinhez,
Habitam dentro em nós, como em fagueiro abrigo.

Conhecemos o erro, e não nos corrigimos;
Fazemo-nos pagar bem caro as contrições,
E, julgando remir com pranto as más ações,
Pela estrada do mal, ovantes, prosseguimos.

Embala Satanás a nossa mente ardida,
Fazendo-nos sonhar com tal suavidade
Que a energia vivaz da nossa mocidade
Em breve se quebranta, a lama reduzida...

O Diabo faz de nós uns títeres de feira!
Chegamos a gostar de cousas repelentes,
E assim vamos descendo, a rir, inconscientes,
A caminho do Inferno, a lôbrega ladeira.

Entregues ao prazer, numa sede constante,
Esprememo-lo bem, como a um limão fanado,
Qual velho D. João beijando, esfomeado,
Os mamilos senis de sórdida bacante.

Num denso formigar, num turbilhão d'helmintos,
Sentimos na cabeça uma turba infernal
Um pestilento ar, deletério e mortal,
Faz uivar, faz gemer nossos pulmões famintos.

Se o veneno, o incêndio, a punhalada fria
E o estupro bestial inda não têm memória
No registo vulgar da nossa vida inglória,
É porque em nosso peito ha muita covardia.

Entre os lobos-cervaes, os tigres e panteras,
Macacos, escorpiões, abutres e condores,
Monstros negros e vis, rasteiros, rugidores,
Que vivem dentro em nós, como em jaula de feras,

Um outro monstro ha, mais torpe, mais imundo!
Que não se ouve rugir, nem uiva, nem rumina,
Mas folgara em fazer da terra uma ruína,
E engolir num bocejo a carcaça do mundo;

É o Tédio! — O seu olhar, falho de comoção,
Tem por visões gentis cenas de sangue e horror...
Tu conheces por certo esse monstro, leitor,
— Hipócrita leitor, — meu igual, — meu irmão!

I - Benção

Quando, por uma lei da vontade suprema,
O Poeta vem á luz d'este mundo insofrido,
A desolada mãe, n'uma crise blasfema,
Pragueja contra Deus, que a escuta comovido:

"— Antes eu procriasse uma serpe infernal
Do que ter dado vida a um disforme aleijão!
seja a noite em que o prazer carnal
Fecundou no meu ventre a minha expiação!

"Já que fui a mulher destinada, Senhor,
A tornar infeliz quem a si me ligou,
E não posso atirar ao fogo vingador
O fatal embrião que meu sangue gerou,

"Vou fazer recair o meu ódio implacável
No monstro que nasceu das tuas maldições,
E saberei torcer o arbusto miserável
De modo que não vingue um só dos seus botões!"

E sobre Deus cuspindo a sua mágoa ingente
Ignorando a razão dos desígnios do Eterno,
A tresloucada mãe condena, inconsciente,
A sua pobre alma ás fogueiras do Inferno.

Bafeja a luz do sol o fruto malfadado,
Vela pelo inocente um anjo peregrino;
A água que ele bebe é um néctar perfumado,
O pão é um manjar saboroso, divino.

Com as nuvens a rir, brincando com a aragem,

A cantar, vae pisando o aspérrimo caminho;
Seu anjo protetor segue-o n'essa romagem,
E chora ao vê-lo assim: feliz qual passarinho.

Aqueles a quem ama, olham-no, receosos,
Ou então, conhecendo a sua mansidão,
Com um prazer feroz, com dentes venenosos,
Procuram no morder, ferir-lhe o coração!

Ao vinho como ao pão, que lhe fazem servir,
Conseguem misturar escarros, cinza, pó;
Objeto em que ele toque, é mandado partir;
Fingindo distração, pisam-lhe os pés sem dó!

Sua própria mulher grita pela cidade:
"— Já que ele me apregoa a bela entre as mais belas,
Vou fazer o papel das deusas de outra idade,
E meu corpo vestir com os adornos delas.

"Com perfumes de mirra e incenso, hel-de, enlevada
No ambarino licor de vinhos peregrinos,
Erguer-me um pedestal, fazer-me venerada,
Usurpando o lugar dos sacrários divinos.

"E, quando me cansar dessas farsas ímpias,
Pousarei no seu peito a minha esbelta mão,
E meus dedos de anéis, como garras de harpias.
Hão-de rasgar-lhe a carne até ao coração.

"Como a avezinha imbel', que treme e chora inquieta
Assim lhe hei de arrancar o coração surpreso,
Que servirá de pasto á fera predileta,
A quem o lançarei, com todo o meu desprezo!"

A demandar o céu, o trono resplendente,
Ergue o Poeta pra Deus as pálpebras doridas,
E o dúlcido clarão da sua alma de crente

Não lhe deixa avistar os povos homicidas...

"Bendito sejais vós, Senhor, que o sofrimento
Concedeis como alívio á nossa perdição,
Essência divinal, suavíssimo fermento,
Que depura e conforta o nosso coração!

"Eu sei que não deixais, Senhor, de reservar-me
Um lugar junto a Vós nas santas Legiões,
E para a grande festa haveis de convidar-me
Dos Tronos, da Virtude e das Dominações.

"Eu sei que o sofrimento é a nobreza suprema,
Única distinção que tem hoje valor,
E sei que, a merecer um místico diadema,
Só o Universo e o Tempo é que m'o hão de impor.

"Embora disponhais de imensa pedraria,
Das estrelas do céu, das pérolas do mar.
Vossa engenhosa mão, Senhor, não poderia
A coroa construir que intento conquistar!

"O diadema que alvejo é puro e refulgente,
Todo feito da luz dos tempos que lá vão,
Dessa pristina luz perante a qual a gente
Vê que os olhos mortais vivem na escuridão!"

II - O Albatroz

Ás vezes, no alto mar, distrai-se a marinhagem
Na caça do albatroz, ave enorme e voraz,
Que segue pelo azul a embarcação em viagem,
Num voo triunfal, numa carreira audaz.

Mas quando o albatroz se vê preso, estendido
Nas tábuas do convés, — pobre rei destronado!
Que pena que ele faz, humilde e constrangido,
As asas imperiais caídas para o lado!

Dominador do espaço, eis perdido o seu nimbo!
Era grande e gentil, ei-lo grotesco verme!...
Chega-lhe um ao bico o fogo do cachimbo,
Mutila um outro a pata ao voador inerme.

O Poeta é semelhante a essa águia marinha
Que desdenha da seta, e afronta os vendavais;
Exilado na terra, entre a plebe escarninha,
Não o deixam andar as asas colossais!

III - Elevação

Por cima dos paúes, das montanhas agrestes,
Dos rudes alcantis, das nuvens e do mar,
Muito acima do sol, muito acima do ar,
Para além do confim dos páramos celestes,

Paira o espírito meu com toda a agilidade,
Como um bom nadador que na água sente gosto,
As penas a agitar, gazil, voluptuoso,
Através das regiões da etérea imensidade.

Eleva o voo teu longe das montureiras,
Vai-te purificar no éter superior,
E bebe, como um puro e sagrado licor,
A alvinitente luz das límpidas clareiras!

Neste bisonho val de mágoas horrorosas,
Em que o fastio e a dor perseguem o mortal,
Feliz de quem puder, numa ascensão ideal,
Atingir as mansões ridentes, luminosas!

De quem, pela manhã, andorinha veloz,
Aos domínios do céu o pensamento erguer,
— Que paire sobre a vida, e saiba compreender
A linguagem da flor e das coisas sem voz!

IV - Correspondências

A Natureza é um templo augusto, singular,
Que a gente ouve exprimir em língua misteriosa;
Um bosque simbolista onde a arvore frondosa
Vê passar os mortais, e segue os com o olhar.

Como distintos sons que ao longe vão perder-se,
Formando uma só voz, de uma rara unidade,
Tão vasta como a noite e como a claridade,
Sons, perfumes e cor logram corresponder-se.

Ha perfumes subtis de carnes virginais,
Doces como o oboé, verdes como o alecrim,
— E outros, de corrução, ricos e triunfais,

Como o âmbar e o musgo, o incenso e o benjoim,
Entoando o louvor dos arroubos ideais,
Com a larga expansão das notas dum clarim.

V - Passado e Presente

Eu gosto de evocar as épocas distantes
Em que Febo doirava os ídolos gigantes.
O homem e a mulher, cheios de mocidade,
Gozavam sem embuste e sem ansiedade,
E, exercendo o vigor dos seus músculos de aço,
Protegia-os o Céu do tédio e do cansaço.
Cibela, que era então fértil e generosa,
Mostrava os filhos seus, contente e orgulhosa;
E o leite grosso e bom do seu colo trigueiro
Amamentou, feliz, o universo inteiro.

O homem, belo e forte, era o modelo vivo
Do rei da criação, generoso e altivo;
Frutos esculturais, sem mancha, a apetecer
A carne rija e sã beijar-lhes... e morder!

*

O Poeta, se hoje em dia intenta recordar
As grandezas de então, quando vê perpassar
A nudez da mulher e a miséria do homem,
Sente que o frio e a dor a alma lhe consomem
Ante o quadro brutal que lhe magoa a vista.
Que monstros, que aleijões! Que trágica revista!
Que pobres troncos nus! Que formas, que feitios!
Tristes corpos sem cor, magros, gordos, esguios,
Que o deus utilitário, implacável e nobre,
A nascença, envolveu em coeiros de cobre !...
E vós outras, mulheres, da palidez dos círios,
Corrói a podridão vossos corpos de lírios;
Sofreis a expiação dos vícios maternais,

E aos filhos transmitis as pústulas que herdais!

*

É certo que mostrar podemos ao Passado
As criações gentis que temos inventado:
Cancros no coração, dor d'alma, languidez,
E outras belezas mais deste mesmo jaez!...

Mas estas produções de líricos dementes
Não podem impedir que os povos decadentes
Prestem á mocidade a homenagem devida,
— Á mocidade sã, robusta, comedida,
A fronte dominal, o olhar iluminado,
E derramando a flux, sobre este descampado,
Como o azul dos céus, como as aves e a flor,
Suas canções viris, seu perfume e calor!

VI - Os Faróis

Rubens, — rio letal, parque da indolência,
Orvalhado jardim que não convida a amar,
Mas onde a vida aflui e reflui, com veemência,
Como o éter no céu, como as ondas no mar;

Leonardo de Vinci, —— um espelho profundo
Cujo torvo cristal reproduz, fascinantes,
Angélicas visões, sorridentes, e ao fundo
Neves e pinheirais de países distantes;

Rembrandt, — triste hospital, trágica enfermaria
Onde os uivos da dor vibram constantemente;
A luz d'um sol mortiço apenas o alumia,
E como adorno tem um Cristo unicamente;

Miguel Anjo, — lugar indefinido onde
Hércules e Jesus se encontram irmanados,
Fantasmas colossais que, quando a luz se esconde,
Surgem dos mausoléus, como ressuscitados;

Ânsias de lutador; faunal, lascivo sonho;
Belezas, seduções da boémia miserável,
Puget, – imperador dos forçados, bisonho,
Ó grande coração, orgulhoso indomável;

Watteau, — um carnaval onde peitos ilustres,
Mariposas ideais, rebrilhantes, adejam;
Iluminam a sala as velas de cem lustres,
Ao baile transmitindo o calor que dardejam;

Goya, — um sonho mau, um vivo pandemônio,
Em que ha profanações, um sabá infernal,

E corpos juvenis a tentar o demónio
Com a ardente nudez da carne virginal;

Delacroix, — como um lago onde ha anjos perdidos
Nas águas de sangue, á sombra dos pihaes;
Sob um céu de tormenta, escutam-se os gemidos
Que Weber soluçou em notas musicais.

Estas imprecações, blasfêmias e pesares,
Uivos, gritos de dor, soluços argentinos,
Num coro colossal que paira pelos ares,
São para nós, mortais, como perdões divinos

São o eco da voz de muitas sentinelas,
Soluço atroador, gigantesco gemido;
É um farol a arder em várias cidadelas,
O grito de aflição do caçador perdido!

E, em verdade. Senhor, que prova mais frisante
Podemos exibir da humana dignidade
Do que este soluçar, sempre vivo e constante,
Que vae morrer aos pés da vossa eternidade?!

VII - A Musa Enferma

Ó minha Musa, então! que tens tu, meu amor?
Que descorada estás! No teu olhar sombrio
Passam fulgurações de loucura e terror;
Percorre-te a epiderme em fogo um suor frio.

Esverdeado gnomo, ou duende tentador,
Em teu corpo infiltrou, acaso, um amavio?
Foi algum sonho mau, visão cheia de horror,
Que assim te magoou o teu olhar macio?

Eu quisera que tu, saudável e contente,
Só nobres ideais abrigasses na mente,
E que o sangue cristão, ritmado, te pulsara

Como do silabário antigo os sons variados,
Onde reinam, a par, os deuses decantados:
Febo — pai das canções, e Pan —— senhor da seara!

VIII - A Musa Venal

Musa do meu amor, ó principesca amante,
Quando o inverno chegar, com seus ventos irados,
Pelos longos serões, de frio tiritante,
Com que hás de acalentar os pésitos gelados?

Tencionas aquecer o colo deslumbrante
Com os raios de luz pelos vidros filtrados?
Tendo a casa vazia e a bolsa agonizante,
O ouro vais roubar aos céus iluminados?

Precisas, para obter o triste pão diário,
Fazer de sacristão e de turibulário,
Entoar um *Te-Deum*, sem crença nem fervor,

Ou, como um saltimbanco esfomeado, mostrar
As tuas perfeições, através d'um olhar
Onde ocultas, a rir, o natural pudor!

IX - O Monge Maldito

Os devotos painéis dos antigos conventos,
Reproduzindo a santa imagem da Verdade,
Davam certo conforto aos sóbrios monumentos,
Tornavam menos fria aquela austeridade.

Olhos fitos em Deus, nos santos mandamentos,
Mais de um monge alcançou palma de santidade,
Á Morte consagrando obras e pensamentos,
Numa vida de paz, de labor, de humildade.

Minh'alma é um coval onde, monge maldito,
Desde que existe o mundo, aborrecido, habito,
Sem ter um só painel que possa contemplar...

— Ó monge mandrião se queres viver, contente,
Uma vida de paz, não sejas indolente;
Caleja-me essas mãos, trabalha! vae cavar!

X - O Inimigo

A mocidade foi-me um temporal bem triste,
Onde raro brilhou a luz d'um claro dia;
Tanta chuva caiu, que quase não existe
Uma flor no jardim da minha fantasia.

E agora, que alcancei o outono, aquebrantado,
Que paciente labor não preciso — ai de mim! —
Se quiser renovar o terreno encharcado,
Cheio de boqueirões, que é hoje o meu jardim!

E quem sabe se as flores ideais que ora cubico
Iriam encontrar no chão alagadiço
O preciso alimento ao seu desabrochar?

Corre o tempo veloz, num galope desfeito,
E a Dor, a ingente Dor, que nos corrói o peito,
Com nosso próprio sangue, a crescer, a medrar!

XI - O Azar

Com peso tal, não me ajeito;
Dá-me, Sísifo, vigor!
Embora eu tenha valor,
A Arte é larga e o Tempo estreito.

Longe dos mortos lembrados,
A um obscuro cemitério,
Minh'alma, tambor funéreo,
Vae rufar trechos magoados.

— Ha muitas joias ocultas
Na terra fria, sepultas
Onde não chega o alvião;

Muita flor exala a medo
Seus perfumes no degredo
Da profunda solidão.

XII - A Vida Anterior

Longos anos vivi sob um pórtico alto
De gigânteos pilares, nobres, dominadores,
Que a luz, vinda do mar, esmaltava de cores,
Tornando-o semelhante ás grutas de basalto.

Chegavam até mim os ecos da harmonia
Do orfeão colossal das ondas chamejantes,
Ligando a sua voz ás tintas deslumbrantes
Da luz crepuscular que em meus olhos fulgia.

Em meio do esplendor do céu, do mar, dos lumes,
Foi-me dado gozar, voluptuosas calmas!
Escravos seminus, rescendendo perfumes,

Minha fronte febril refrescavam com palmas,
E tinham por missão apenas descobrir
A misteriosa dor que eu andava a carpir.

XIII - Ciganos em Viagem

A tribo que prevê a sina dos viventes
Levantou arraiais hoje de madrugada;
Nos carros, as mulher's, c'o a torva filharada
Ás costas ou sugando os mamilos pendentes.

Ao lado dos carrões, na pedregosa estrada,
Vão os homens a pé, com armas reluzentes,
Erguendo para o céu uns olhos indolentes
Onde já fulgurou muita ilusão amada.

Na buraca onde está encurralado, o grilo,
Quando os sente passar, redobra o meigo trilo;
Cibela, com amor, traja um verde mais puro,

Faz da rocha um caudal, e um vergel do deserto,
Para assim receber esses p'ra quem'stá aberto
O império familiar das trevas do futuro!

XIV - O Homem e o Mar

Homem livre, o oceano é um espelho fulgente
Que tu sempre hás de amar. No seu dorso agitado,
Como em puro cristal, contemplas, retratado,
Teu íntimo sentir, teu coração ardente.

Gostas de te banhar na tua própria imagem.
Dás-lhe beijos até, e, ás vezes, teus gemidos
Nem sentes, ao escutar os gritos doloridos,
As queixas que ele diz em mística linguagem.

Vós sois, ambos os dois, discretos, tenebrosos;
Homem, ninguém sondou teus negros paroxismos,
Ó mar, ninguém conhece os teus fundos abismos;
Os segredos guardais, avaros, receosos!

E ha séculos mil, séculos inumeráveis,
Que os dois vos combateis numa luta selvagem,
De tal modo gostais da morte e da carnagem,
Eternos lutadores, ó Irmãos implacáveis!

XV - D. João nos Infernos

Quando D. João baixou ao pélago sombrio,
E pagou a Caronte o óbulo supremo,
Um mendigo soez, de olhar sereno e frio,
Com pulso rijo e forte agarrou cada remo.

Mostrando os peitos nus, as túnicas rasgadas,
Criaturas feminis, convulsas, flagelantes,
Como um longo cordão de ovelhas imoladas,
Seguiam atrás dele, em choro, soluçantes.

Esganarelo, a rir, pediu lhe o seu dinheiro,
Ao passo que D. Luís, com a trémula mão,
Mostrava, a toda a grei d'aquele cativeiro,
O filho que zombou das cans do ancião

A casta e magra Elvira, a tremer no seu luto,
Junto do esposo infiel, amante d'una hora,
Parecia-lhe pedir, — derradeiro tributo,
A evocação ideal dos sorrisos de outrora..

Governava o timão da barca celebrada
Um gigante de bélica armadura;
Mas o discreto herói, curvado sobre a espada,
Alheio a tudo o mais, só via a sangradura!

XVI - A Teodoro de Banville

Por tal modo agarraste a Deusa pela crina,
Com ar dominador, num gesto sacudido,
Que se alguém presencia o caso acontecido
Poderia julgar-te um rufião de esquina.

Com o límpido olhar, — precoce e ardente vista,
Audaz, vais expandido o orgulho de arquiteto
Em nobres produções, de traço tão correto,
Que deixam futurar um prodigioso artista.

O nosso sangue, Poeta, esvai-se dia a dia!...
Acaso, do Centauro, a túnica sombria,
— Que em fúnebres caudais as veias transformava —

Três vezes se tingiu com as babas subtis
D'aqueles infernais, monstruosos, reptis,
Que Hércules, em criança, a rir, estrangulava?

XVII - Castigo do Orgulho

Em tempos que lá vão, quando a Teologia
Estava no apogeu da seiva e da energia,
Conta-se que um doutor, d'entre os mais eminentes
— Depois de avassalar peitos indiferentes,
Lançando a jorros luz na escuridão agreste;
Depois de enveredar, para a glória celeste,
Por caminhos por onde haviam 'té então
Apenas transitado as almas de eleição,
Como quem sobe á altura, e fica estonteado,
Orgulhoso, clamou n'um satânico brado:

— Ó mísero Jesus! levantei-te bem alto!
"Mas, se em vez de exaltar-te, assim como te exalto,
Rebaixar te quisera, ó pobre corpo morto,
Não serias um deus, mas sim risório aborto!"

Logo a luz da razão ao doutor se apagou,
Como radiante sol que denso véu nublou;
Fez-se um medonho caos naquela inteligência,
Templo vivo que foi de método e opulência.
Onde tanto esplendor mostrara o seu clarão,
A treva e o silêncio abrigaram-se então,
Como no mausoléu duma raça extinguida.

Como animal vadio, arrastou-se pela vida,
Sem ouvir, sem olhar, por atalhos sombrios,
Sem saber distinguir invernos nem estios;
Inútil, sujo, feio, em seus andrajos rotos,
Provocando a pedrada e as vaias dos garotos!

XVIII - A Beleza

De um sonho escultural tenho a beleza rara,
E o meu seio, — jardim onde cultivo a dor,
Faz despertar no Poeta um vivo e intenso amor,
Com a eterna mudez do mármore de Carrara.

Sou esfinge subtil no Azul a dominar,
Da brancura do cisne e como a neve fria;
Detesto o movimento, e estremeço a harmonia;
Nunca soube o que é rir, nem sei o que é chorar.
O Poeta, se me vê nas atitudes fátuas
Que pareço copiar das mais nobres estátuas,
Consome noite e dia em estudos ingentes...

Tenho, pra fascinar o meu dócil amante,
Espelhos de cristal, que tornam deslumbrante
A própria imperfeição: — os meus olhos ardentes!

XIX - O Ideal

Nunca poderá ser pálida bonequinha,
Produto sem frescor qual manequim de molas,
Pés para borzeguins, dedos pra castanholas,
Que ha de satisfazer almas como esta minha.

Eu deixo a Gavarni, poeta de enfermaria,
Seu rebanho gentil de belezas cloróticas,
Porque nunca encontrei nessas plantas exóticas
A rubra flor que anhela a minha fantasia.

Meu torvo coração, na angústia que o oprime,
Sonha Lady Macbeth, alma fadada ao crime,
Pesadelo infernal que um Ésquilo criou;

E contigo também, ó Noite grandiosa,
Filha de Miguel-Anjo, esfinge misteriosa,
Sereia colossal que algum Titan gerou!

XX - A Giganta

No tempo em que a Natura, augusta, fecundanta,
Seres descomunais dava a terra mesquinha,
Eu quisera viver junto d'uma giganta,
Como um gatinho manso aos pés d'uma rainha!

Gostava de assistir-lhe ao desenvolvimento
Do corpo e da razão, aos seus jogos terríveis;
E ver se no seu peito havia o sentimento
Que faz nublar de pranto as pupilas sensíveis;

Percorrer-lhe a vontade as formas gloriosas,
Escalar-lhe, febril, as colunas grandiosas;
E ás vezes, no verão, quando no ardente solo

Eu a visse deitar, numa quebreira estranha,
Dormir serenamente a sombra do seu colo,
Como um pequeno burgo ao sopé da montanha!

XXI - A Máscara

Estátua alegórica no gosto da Renascença

Reparai. Que primor de graças florentinas!
Na suave ondulação do corpo musculoso,
A Força e a Elegância ostentam-se divinas.
Essa esbelta mulher, — bloco maravilhoso,
Divinamente forte, e docemente guapa,
Destinada parece a um leito sumptuoso,
A ser a distração d'um rei ou de algum papa.

Olhai aquele rir fino e voluptuoso,
Num êxtase ideal de fátua garridice;
O escarninho olhar, lânguido e mentiroso;
O rosto peregrino, a transluzir meiguice,
Que parece dizer, vencedor e orgulhoso:
"Chama por mim o Amor; a Volúpia sorri-me!..."
A este ser gentil, cheio de majestade,
Vede que seduções a gentileza imprime!
Mas vejamos melhor o vulto da beldade.

Ó surpresa fatal! blasfêmia que a arte gera!
A divina mulher de rosto sedutor
Duas cabeças tem, como infernal quimera!

Mas não! É simples máscara, o rosto enganador,
A face que apresenta um riso triunfal.
Como vedes, lá está, crispado horrivelmente,
O verdadeiro rosto, a cabeça real,

Que se esconde, a chorar, na máscara ridente.
— Ó misera beleza I o esplendoroso rio
Do teu pranto vem dar á foz dos meus abrolhos;
A tua falsidade embriaga.me, e eu sorrio
Com os caudais que a Dor faz brotar dos teus olhos!

– Mas porque ha de chorar a beleza correta
Que a seus pés pode ver todo o homem vencido?
Que misterioso mal faz carpir essa atleta?

— Ela chora, sabel, porque já tem vivido,
E ainda viva está!... Mas o que mais deplora,
O que mais exacerba a sua mágoa atroz,
É que ainda amanhã viverá, como agora...
Amanhã, e depois, e sempre! — como nós!

XXII - Hino à Beleza

Desces do azul do céu, ou surges do abismo?
Beleza, o teu olhar, de fogo e de carinho,
Gera alternadamente o crime e o heroísmo,
E por isso, talvez, és comparada ao vinho.

Encerra o teu olhar a aurora e o pôr do sol,
Perfumes infernais de noite procelosa;
Teus beijos são um filtro, e os teus lábios crisol
Que torna o herói covarde e a criança corajosa.

Vens do fundo da treva, ou desceste dos astros?
O Diabo, com amor, persegue-te, chorando;
Fazes subir ao céu, e caminhar de rastros;
A dominar em tudo, e nada te importando!

Nem aos mortos, sequer, tu poupas com remoques!
Entre as joias que tens, o Horror é a mais fulgente,
E o Crime, esse primor dos teus gentis berloques,
No teu ventre orgulhoso anda a valsar, contente.

O inseto, deslumbrado, a procurar-te a chama,
Vae encontrar a morte, e bendiz teu clarão
O amante, enlanguescido, aos pés da sua dama,
Parece um moribundo a afagar o caixão.

Mas que venhas do céu ou do inferno, que importa,
Beleza! monstro enorme, horroroso e travesso!
Se teus pés, teu olhar, teu riso, abrem a porta
D'um infinito ideal, que eu amo e não conheço?

De Satanás ou Deus, que importa? Anjo ou Sereia,

Tu consegues tornar — ó fada de azas leves,
Alvinitente luz que a minha alma clareia! —
O universo melhor e os momentos mais breves!

XXIII - Perfume Exótico

Quando eu a dormitar, num íntimo abandono,
Respiro o doce olor do teu colo abrasante,
Vejo desenrolar paisagem deslumbrante
Na auréola de luz d'um triste sol de outono;

Um éden terreal, uma indolente ilha
Com planta tropicais e frutos saborosos;
Onde ha homens gentis, fortes e vigorosos,
E mulheres cujo olhar honesto maravilha.

Conduz-me o teu perfume às paragens mais belas;
Vejo um porto ideal cheio de caravelas
Vindas de percorrer países estrangeiros;

E o perfume subtil do verde tamarindo,
Que circula no ar e que eu vou exaurindo,
Vem juntar-se em minha alma à voz dos marinheiros.

XXIV - O Cabelo

Ó tranças em anéis afagando-te a alvura
Do colo juvenil! Ó perfume sem par!
Êxtase! Vou povoar a minha alcova escura
Com as recordações que dormem na espessura
Do teu cabelo, amor, fazendo-o destrançar!

A África abrasadora e a Ásia langorosa,
Todo um mundo distante, ausente, evocador,
Vive na solidão d'essa grenha olorosa!
Como vogam mortais na onda harmoniosa,
Eu gosto de nadar no teu divino olor.

Quero ver as regiões tropicais, luxuriantes;
Negras tranças, servi-me de vagas veleiras.
Transportai-me no dorso aos países distantes!
Mar de azeviche, mar de sonhos deslumbrantes,
Com corvetas reais, com mastros e bandeiras!

Ó porto sem igual onde a minh'alma inglória
Pode á larga absorver sons, perfumes e cor;
Onde as grandiosas naus, na sua trajetória,
As velas colossais desfraldam para a glória

D'um céu puro onde esplende o eterno calor.
Eu quero mergulhar a lânguida cabeça
Nesse soturno mar que encerra o próprio mar,
E o espírito subtil, sobre a vaga travessa,
Fará, ó meu amor, com que eu me desvaneça
Num êxtase ideal, perfumes a aspirar!

Ó cabelos azuis, tranças ebanizadas,

Viva imagem do céu azul na escuridão;
Nos lindos caracóis, nas mechas desgrenhadas,
Consigo distinguir as essências variadas
Do coco, do ananás, do musgo e do alcatrão.

Hoje, amanhã, e sempre l ó grenha estremecida,
Com perolas, com rubis e com safiras ade
Toucar-te com amor minh'alma agradecida,
Para que sejas sempre a taça apetecida
Por onde bebo, a flux, o vinho da saudade!

XXV - Intangível

Quero-te como quero á abóbada noturna,
Ó vazo de tristeza, ó grande taciturna!
E tanto mais te quero, ó minha bem amada,
Por te ver a fugir, mostrando-te empenhada
Em fazer aumentar, irónica, à distância

Que me separa a mim da celestial estância.
Bem a quero atingir, a abóbada estrelada,
Mas, se a julgo alcançar, vejo-a mais afastada!
Pois se eu adoro até — fero monstro, acredita —
O teu frio desdém, que te faz mais bonita!

XXVI - Gênio do Mal

Gostavas de tragar o universo inteiro,
Mulher impura e cruel! Teu peito carniceiro,
Para se exercitar no jogo singular,
Por dia um coração precisa devorar.
Os teus olhos, a arder, lembram as gambiarras
Das barracas de feira, e prendem como garras;
Usam com insolência os filtros infernais,
Levando a perdição ás almas dos mortais.

Ó monstro surdo e cego, em maldades fecundo!
Engenho salutar que exaure o sangue ao mundo
Tu não sentes pudor? o pejo não te invade?
Nenhum espelho ha que te mostre a verdade?
A grandeza do mal, com que tu folgas tanto,
Nunca, jamais, te fez recuar com espanto
Quando a Natura-mãe, com um fim ignorado, —
— Ó mulher infernal, rainha do Pecado! —
Vae recorrer a ti para um génio formar?

Ó grandeza de lama! ó ignominia sem par

XXVII - Sed non satiata

Ó deidade fatal, anjo das frias trevas,
Pomo de tentação, lindo corpo cigano,
Com perfuines de musgo e de tabaco havano,
Ó Fausto feminil que em teus filtros me enlevas!

Ao vinho de Constança, e ao ópio embriagante,
Eu prefiro o elixir da tua boca terna;
E no teu ígneo olhar, refrescante cisterna,
Mata a sede febril a minha dor cruciante.

Nos olhos infernais, espelhos da tua alma,
Monstro sem coração! a chama viva acalma;
Repara que eu não sou um Estígio incansável...

Nem me é dado, ai de mim! megera libertina,
Para quebrar-te a força e a luxúria indomável,
No teu leito sensual tornar-me Proserpina!

XXVIII - Esterilidade

Ao vê-la caminhar em trajos vaporosos,
Parece que desliza em voluptuosa dança,
Como aqueles repteis da Índia, majestosos,
Que um faquir faz mover em torno d'uma lança.

Como um vasto areal, ou como um céu ardente,
Como as vagas do mar em seu fragor insano,
— Assim ela caminha, a passo, indiferente,
Insensível à dor, ao sofrimento humano.

Seus olhos têm a luz dos cristais rebrilhantes,
E no seu todo estranho onde, a par, se lobriga
O anjo inviolado e a muda esfinge antiga,

Onde tudo é fulgor, ouro, metais, diamantes,
Vê-se resplandecer a fria majestade
Da mulher infecunda — essa inutilidade!

XXIX - A serpente que dança

Gosto de ver teu corpo gracilante,
  Ó lindo nenúfar,
Como estrela do céu, auriflamante,
  A luzir, a brilhar!

Por sobre as vagas d'esse mar profundo
  Das tuas negras cômas,
D'esse revolto oceano vagabundo
  Impregnado de aromas,

Como um navio a velejar na calma
  Brisa da madrugada,
Desfralda as suas velas a minh'alma
  Para longa jornada...

Teus olhos, onde nunca se lobriga
  Alegria ou tristeza,
São de ouro e ferro misteriosa liga,
  Quase tenho a certeza.

Quando tu andas, teu corpo indolente
  Como arbusto balança;
Faz lembrar os volteios da serpente
  Na haste d'uma lança.

Verga teu rosto ao peso avantajado
  Da preguiça constante,
Fazendo recordar, assim curvado,
  Um pequeno elefante.

Teu corpo faz lembrar frágil barquinho

Nas ondas do alto mar,
Em constantes baldões, num torvelinho,
    Sem nunca soçobrar.

Como a corrente súbito engrossada
    Pelos gelos fundentes,
Quando, na boca, a agora represada
    Te aflui à flor dos dentes,

Julgo beber um vinho inigualado,
    De uma tal condição,
Que vejo abrir um céu todo estrelado
Nas trevas em que jaz meu coração!

XXX - Cadáver em putrefação

Recordas, meu amor, ainda horrorizada,
    O animal nojento
Que um dia de verão encontramos na estrada,
    Já podre e fedorento?

De pernas para o ar, como mulher viciosa
    Ardente de paixões,
Deixava a descoberto a barriga asquerosa,
    Prenhe de exalações..

Queimava a luz do sol aquela massa imunda,
    Fazendo-a transformar
Em novos materiais, que a Natura fecunda
    Consegue aproveitar.

Fitava o claro céu a carcaça indecente,
    Como a um vergel em maio,
E o fedor era tal que eu vi-te de repente
    Em risco de um desmaio.

As moscas, a zumbir, cobriam o asqueroso
    Corpo em putrefacção,
E os vermes, em tropel, num líquido viscoso,
    Formavam legião.

Era um longo cortejo, uma procissão rara
    De vermes corrosivos;
Dir-se-ia que o animal morto ressuscitara
    Em milhões de seres vivos.

E dessa multidão elevava-se um brado,

Um ruído fagueiro,
Como o som que produz o trigo joeirado
    Na rede d'um peneiro.

Á luz do nosso olhar, tudo se transformava
    Num sonho de tremer...
Visão cheia de horror que na mente se grava
    E não torna a esquecer.

Por detrás d'um rochedo, uma cadela, inquieta,
    Com uivos estridentes,
Aguardava ocasião para na carne infecta
    Ir aguçar os dentes...

— Ai! ter de me lembrar que hás de ser semelhante
    Á horrível infecção,
Ó luz do meu olhar, o meu sol deslumbrante,
    Minha ardente paixão!

Que assim tu hás de ser, ó anjo que me encantas,
    Quando o teu corpo inerme
Desfeito em podridão, sob a raiz das plantas,
    Alimentar o verme!

Então, ó meu amor, dize á larva brutal
    Que te beijar o rosto
Que eu guardei o contorno e a essência divinal
Do teu corpo gentil antes de decomposto!

XXXI - De Profundis Clarnavi

Peço-te compaixão, ó meu único amor,
Do fundo d'este abismo onde a minh'alma arrasto,
D'este frio paul de horizonte nefasto,
Onde pairam na treva a blasfêmia e o terror;

Em seis meses, um sol mortiço anda na altura,
Que durante outros seis á noite dá lugar;
É um país mais nu do que a região polar,
Sem flores, nem criação, sem fontes, nem verdura!

Ora não ha no mundo um horror comparado
Ao do frio cruel d'esse astro regelado,
E a torva escuridão d'essa noite sem fim;

Chego até a invejar o animal sem dono
Que mergulha a dormir n'um estúpido sono...
Ó meu único amor, tem compaixão de mim.!

XXXII - A Vampiro

Tu, que minh'alma invadiste
Como o ferro d'um punhal;
Que em meu peito construíste
O teu reduto infernal,

Onde tens o leito armado,
E onde o teu desdém passeia,
— Mulher a quem 'stou ligado
Como um grilheta à cadeia,

Como um beberrão ao vinho,
Como o verme á podridão,
— Vampiro, monstro daninho,
Dou-te a minha maldição!

Pedi ao gládio implacável
Me ajudasse a libertar,
E ao veneno abominável
Também ousei implorar...

Mas de ambos fui repelido!
Negaram-me proteção,
Dizendo: — "É tempo perdido
Arrancar-te á escravidão;

"Se algum de nós a matava,
Ó imbecil I tu não vês
Que teus beijos como a lava
Lhe davam vida outra vez!"

XXXIII - Da Lama ao Astro

Junto d'uma judia horrível, no seu leito,
— Dois cadáveres a par na mesma sepultura
Certa noite, pensei, ao encarar a impura,
Na soberba mulher por que anseia meu peito:

Seu corpo modelar, de majestoso aspeito,
Os seus olhos leais a destilar doçura,
O capitoso olor da cabeleira escura,
Todas as perfeições do seu todo perfeito!

Com fervor vestiria esse corpo divino,
Desde os mimosos pés ao cabelo em anéis,
Com meus beijos febris, ó bloco marmorino,

Se uma noite, a chorar por quaisquer ninharias,
Pudesses conseguir, rainha das cruéis,
Atenuar a luz d'essas pupilas frias!

XXXIV - Remorso Póstumo

Quando fores dormir, o bela tenebrosa,
No frio mausoléu de mármore' construído;
Quando tu só tiveres por palácio garrido
A estreita habitação funérea, salitrosa;

Quando a pedra cobrir a tua pele mimosa,
Esse corpo gentil, fremente, enlanguescido,
Não deixando pulsar teu coração ardido,
Pondo-te assim um termo á vida aventurosa.

O teu coval, que sabe o quanto eu hei sofrido
(Porque sempre o coval ha de entender o poeta)
Nestas noites sem fim, com o sono perdido,

Dir-te-a: — "De que serviu, cortesan incorreta,
Teus ouvidos cerrar a dor, fria e ciuel?"
— E o verme, qual remorso, ha de roer-te a pele!

XXXV - O Gato

Anda cá, meu gatinho, ao meu colo amoroso;
    Encolhe as unhas fatais;
Deixa-me profundar esse olhar misterioso,
    Feito de ágata e metais.

Quando eu a minha mão passeio, meigamente,
    Sobre o teu pelo bonito,
E te afago a cabeça e o dorso reluzente
    Com um prazer infinito.

Vejo minha mulher em visão. Seu olhar,
    Como o teu, manso gatinho,
Corta como um punhal; tem o mesmo brilhar...

    Banha-lhe o corpo moreno
Um perfume subtil, – brando como um arminho,
    E mortal como um veneno!

XXXVI - Duellum

Dois guerreiros, em luta acesa, se combatem,
Os gládios a esgrimir, num destemido jogo,
— Torneio singular que bem denota o fogo
Dos peitos juvenis onde as paixões embatem.

Mas eis que na peleja os gládios são partidos...
Assim o nosso amor! e as unhas aceradas,
E os dentes, vão vingar as pérfidas espadas,
No indómito furor dos ódios acendidos!

Ao fundo de um covil de tigres e chacais,
Num abraço homicida, os dois heróis rivais,
Mortos, sobre um sarçal, foram cair por fim.

— Esse covil é o inferno onde estão os que amamos!
Amazona cruel, a esse covil desçamos!
O ardor do nosso ódio eternizando assim!

XXXVII - A Varanda

Mãe das recordações, rainha das amantes,
Ó todo o meu prazer I todos os meus cuidados
Não te lembram, saudosa, os dúlcidos instantes,
O carinhoso lar, os serões encantados,
Mãe das recordações, rainha das amantes?

A's noites, ao calor do lume do fogão,
A's tardes, na varanda, á brisa vaporosa,
Sentindo palpitar teu meigo coração,
Que palestras subtis! Que sonhos cor de rosa,
A's noites, ao calor do lume do fogão!

Como é glorioso o sol nas tardes de calor!
Como o espaço é profundo e o coração potente!
Quando encostado a ti, meu peregrino amor,
Julgava respirar teu sangue redolente...
Como é glorioso o sol nas tardes de calor!

A noite, a pouco e pouco, ia cerrando o manto,
E os meus olhos, na treva, os teus descortinavam;
Do teu bafo a aspirar o venenoso encanto,
Nas minhas mãos, teus pés, a dormir, descansavam...
A noite, a pouco e pouco, ia cerrando o manto.

Sei a arte de evocar os momentos ditosos
Em que no teu regaço ia encontrar abrigo!
Pois como ressurgir os teus dons primorosos
A não ser no teu corpo e no teu peito amigo?!
Sei a arte de evocar os momentos ditosos!

Os protestos d'amor, os beijos perfumados,

Volverão outra vez das cinzas do outro mundo,
Como nascem de novo os sois avermelhados
Depois de os sepultar o negro mar profundo?
– Ó protestos d'amor, o beijos perfumados!

XXXVIII - O Endemoninhado

Cobriu um véu o Sol. Lua da minha vida,
Faze o mesmo também, veste um roupão de luto;
Não fales, por quem és! dorme ou fuma um charuto;
Esconde o teu sorrir, mostra-te aborrecida;

Gosto de ti assim! Mas se queres, louquinha,
Como um astro que deixa a treva acostumada,
Hoje ir resplandecer na alacre mascarada,
Bem está! Lindo punhal, sai da tua bainha!

Transforma o teu olhar em brilhantes candis!
Faz render a teus pés milhares de imbecis!
Embriaga-te a valsar, desvenda o corpo nu!...

Faças quanto fizeres, noite negra ou aurora,
Só me darás prazer!... Todo o meu ser perora,
No fogo da paixão: — *Amo-te, Belzebu!*

XXXIX - Um Fantasma

1 AS TREVAS

Na escuridão d'esta caverna fria
  Onde ha muito, ai de mim! triste, rolei,
  Onde nunca penetra a luz do dia,
  E onde a sós com a noite me encontrei,

  Lembro um pintor que fosse condenado
  Seus quadros a pintar na escuridão;
  Sou como um cozinheiro esfomeado
  Reduzido a guizar o coração

  Ás vezes, num momento o meu olhar,
  Nas trevas, um espectro vê raiar,
  Aparição risonha e vaporosa...

  E a minha razão febricitante
  Distingue no sombrio visitante
  A morena que amei. a luminosa!

2 O PERFUME

Já tens, leitor, por certo, respirado
  O adorável perfume que derrama
  O incenso d'um turíbulo sagrado
  Ou o saché precioso d'uma dama;

Encanto sem igual, inebriante,

Viva recordação d'uma outra idade!
Assim no corpo escultural da amante
Se colhe a flor seleta da saudade.

Na cabeleira basta, sumptuosa,
— Turíbulo da alcova misteriosa,
Um perfume selvagem, pastoril,

E nas suas roupagens peregrinas
— Sedas, veludos, rendas, musselinas —
O aroma do seu corpo juvenil!

3 A MOLDURA

Se o caixilho realça uma pintura,
Muito embora de artista celebrado,
Não sei por que prazer eu sou levado
A querer separá-la da Natura.

Móveis, joias, metais e douradura,
Contornavam tão bem seu corpo amado,
Nada ofuscando o brilho incomparado,
As perfeições da esbelta criatural...

Se parecia até que ela julgava
Que todos a adoravam, e banhava
Em beijos de bretanhas e cetins

Seu lindo corpo nu, fosforescente,
Mostrando em seus trejeitos, indolente
Ou vivaz, a gracinha dos saguins!

4 O RETRATO

A Enfermidade e a Morte, irreverentes,
Tornaram cinza a chama luzidia
D'esses teus olhos ternos e ferventes,
D'esses teus lábios que beijei um dia!

Ai! d'esses beijos doces e veementes,
D'esses loucos transportes de alegria,
Que resta hoje? — Os traços languescentes
De um teu retrato, imagem fugidia

Que já mal se consegue divisar,
E que as asas do Tempo hão de apagar
Na sua rude, insana, trajetória...

Assassino cruel da Arte e da Vida,
Nunca me hás de arrancar da mente ardida
A imagem da que foi a minha glória!

XL - Á minha Deusa

Os meus versos te dou para que se algum dia
Meu nome conquistar justa celebridade,
Despertando a atenção da triste humanidade,
— Como um barco á mercê de forte ventania,

Tua memória, igual ás fábulas famosas,
Fatigue o meu leitor como um seco martelo,
E por um fraternal e misterioso elo
Fique como que presa ás rimas sonorosas;

Amaldiçoado ser a quem (desde o profundo
Abismo até ao céu) só eu amo no mundo!
— Ó tu, sombra fugaz, espectro radiante,

Que pisas os mortais, serena e deslumbrante,
E a quem os imbecis ousam chamar cruel...
Ó brônzeo serafim com olhos de Lusbel!

XLI - Semper eadem

Perguntas a razão da tristeza que anima,
Como um revolto mar, meu peito combalido!
— Quando no coração se faz uma vindima,
Vivermos é um mal! O segredo é sabido:

É uma dor vulgar, nada misteriosa,
E, como o teu sorrir, toda a gente a conhece.
Não me interrogues, pois, risonha curiosa!
Embora a tua voz seja meiga, emudece!

Cala-te, ó ignorante! alma sempre aturdida!
Linda boca infantil!... Como hei de amar a Vida,
Quando na Morte vejo o fim dos meus abrolhos?!

Deixa meu coração viver como encantado!
Num sonho mergulhar no teu rosto adorado,
E extinguir-se, dormindo, a sombra dos teus olhos!

XLII - Toda Inteira

Hoje, na minha mansarda,
Vi o demónio aparecer,
E, buscando perturbar.me,
Dizer-me: — «Quero saber

"Qual é, de todas as cousas
Que a tornam tão atraente,
— Adornos negros e róseos
Do seu corpo omnipotente,

"Que mais te agrada?" A minh'alma
Respondeu logo a seguir:
— "Tudo n'Ela são ditames,
Não tenho que distinguir.

"Tudo me encanta e seduz
Na criatura formosa,
Como a Aurora: — deslumbrante,
Como a Noite: — bonançosa.

"E a harmonia é tamanha,
Tão belas as proporções,
Que ao exame mais atento
Só se oferecem perfeições.

"Ó metamorfose estranha
Que todo o meu ser resume!
Seu hálito é: — a melodia,
E a sua voz: — o perfume!"

XLIII - Toda Inteira

Suprema Beleza
Que dirás esta noite, ó pobre alma exilada,
Que dirás, coração, outrora na agonia,
Á formosa mulher, bondosa e muito amada,
Cujo celeste olhar é o sol que te alumia?

— Havemos de cantar, em salmos gloriosos,
A doçura que existe em seu férreo domínio,
Seu corpo escultural, seus cabelos formosos,
E a luz do seu olhar ardente e velutíneo!

Quer seja pela noite, em plena solidão,
Quer seja pela rua, em plena multidão,
Como um archote a arder, seu vulto surge e encanta.

Ás vezes fala e diz: — "Sou bela, e vós haveis
De por amor de mim ao Belo ser fieis;
Sou o Anjo da guarda, a Musa, a Virgem santa!"

XLIV - O Archote Vivo

Marcham na minha frente os olhos deslumbrantes
Que um anjo prodigioso imanizou co'as mãos;
Marcham esses irmãos, que são os meus irmãos,
Fulgindo o meu olhar com seus fogos brilhantes.

A livrar-me do Mal e de qualquer agravo,
Pela estrada do Bem fazem que eu siga altivo;
São os meus serviçais, e eu d'eles sou escravo,
Todo o meu ser está preso a esse archote vivo.

Lindos olhos, brilhais com a luz que irradia
Dos funéreos brandões a arder em pleno dia,
Que o Sol faz descorar, mas não logra extinguir...

Eles choram a Morte, e vós cantais a Vida,
Saudais o despertar da minh'alma dorida,
Astros que nenhum sol poderá desluzir!

XLV - Reversibilidade

Ó anjo do prazer, conheces a apatia,
As agruras Moraes pra que não ha remédio;
A vergonha, o remorso, as angústias, o tédio,
Maltrindo o coração como garras de harpia?
Ó anjo do prazer, conheces a apatia?

Ó anjo da bondade, imaginas o ódio,
Punhos em crispações, e lágrimas de sangue,
Quando a Vingança invade a nossa alma exangue,
Apunhalando o Bem, nosso anjo custódio?
O anjo da bondade, imaginas o ódio?

Ó anjo da saúde, ignoras o delírio,
As febres cerebrais, a vida hospitalar,
A triste enfermaria escura e falta de ar,
A palidez que á morte imprime a luz dum círio?
Ó anjo da saúde, ignoras o delírio?

O anjo da beleza, enxergas tu as cans,
As rugas da velhice, o amargoso suplicio
De lermos o fastio, o horrível sacrifício,
No olhar que iluminou nossas quadras louçans?
Ó anjo da beleza, enxergas tu as cans?

— O meu anjo do amor, da luz e da alegria,
David, a agonizar, a saúde rogara
Ao teu corpo gentil, que não lh'a recusara;
As tuas orações, porém, eu só queria,
O meu anjo do amor, da luz e da alegria!

XLVI Confidência

Uma vez, uma só, meiga mulher amada,
   No meu, teu braço polido
Se pousou (a minh'alma ainda está lembrada
   D'esse momento querido);

Era noite, e no céu brilhava a lua cheia,
   Qual medalha fulgidia,
Banhando com a luz do ciarão que semeia
   A cidade que dormia.

Via a gente passar, em busca de guarida,
   Os gatos furtivamente,
E um ou outro maltes, como sombra querida,
   A seguir-nos lentamente.

De súbito, quebrando aquela intimidade
   Que a luz do luar protegia,
De ti, o bandolim de estranha suavidade.
   Ó guitarra da alegria,

De ti, clara e gazil como alegre fanfarra
   A tocar uma alvorada,
Uma nota surdiu, lamentosa e bizarra,
   Hesitante e acanhada,

Como um ser infeliz, como aleijão imundo
   Da família desprezado,
A quem, para o furtar aos olhares do mundo,
   Houvessem emparedado!

Essa nota, anjo meu, dizia, a lamentar-se:
   — Nada na terra é constante,

"E em tudo se traduz, sob qualquer disfarce,
    Um egoísmo revoltante;

"Que triste condição é ser mulher formosa,
    E que trabalho banal!
"Como artista de circo, em dança voluptuosa,
    Com um riso artificial;
"Alimentar paixões, é louco empreendimento,
    Porque o amor como a beldade
"Só duram... Até que os leva um dia o Esquecimento
    Ao seio da Eternidade!"

Muitas vezes evoco a noite inigualada,
    O silêncio, a solidão,
E aquela confidencia horrível murmurada,
N'um soluço infantil, pelo teu coração.

XLVII - Aurora Espiritual

Quando sobre o festim, pela janela aberta,
Junta a aurora seus tons ao Ideal roedor,
Por uma operação d'um filtro vingador
Na besta adormecida ha um anjo que desperta.

Dos Céus Espirituais o inacessível manto,
Para o pobre mortal caído em paroxismo,
Ora se abre ora cerra em atrações de abismo.
Assim, Deusa mortal, Ser luminoso e santo,

No torpor que sucede ás celas libertinas,
Tua recordação, mais bela e mais veemente,
Aos meus olhos febris surge constantemente.

O Sol amorteceu a luz das serpentinas,
Mas, sempre vencedor, teu rosto é semelhante,
Ó alma luminosa, ao sol mais deslumbrante!

XLVIII - Harmonia da Tarde

Está a chegar o tempo em que se esmalta o prado;
Toda a flor é um crisol essência a destilar;
Os perfumes e os sons revolteiam no ar;
Uma valsa letal, langoroso bailado!

Toda a flor é um crisol essência a distilar;
Soluça o bandolim como um peito magoado;
Uma valsa letal, langoroso bailado!
O céu lembra de um templo iluminado altar!

Soluça o bandolim como um peito magoado,
Um terno coração que sabe recordar!
O céu lembra de um templo iluminado altar;
O Sol agonizou num leito ensanguentado...

Um terno coração que sabe recordar
Relembra com carinho os sonhos do passado!
O Sol agonizou num leito ensanguentado...
E eu ergo-te, mulher, iluminado altar!

XLIX - O Frasco

Nos perfumes que têm o condão singular
De todo e qualquer vazo ou frasco atravessar.
A's vezes, ao abrir um cofre do Levante,
Sentindo a fechadura estrugir, lancinante,

Ou, num velho solar, um contador torneado,
Poeirento, carcomido, a um canto abandonado,
Logramos descobrir um frasco alvinitente,
D'onde se evola, viva, a alma d'um ausente.

Doces recordações, quais funéreas crisálidas,
Estavam a dormir n'essas trevas esquálidas!
Ei-las a revoar n'uma nuvem radiosa,
Laminadas de azul, doiradas, cor de rosa;

Pairando pelo espaço, em turbilhões alados,
Fazendo-nos cegar os olhos deslumbrados,
E levando a nossa alma aos abismos arcanos
Onde estão a dormir os miasmas humanos;

Ali, tá-la enterrar n'um antro solitário,
E, quando ela consegue arrancar o sudário,
Encontra junto a si o cadaver 'spectral
D'um bolorento amor, radiante e sepulcral.

Assim, quando amanhã minha recordação
Dos homens se varrer, e n'um pobre caixão
Meu corpo descansar, como um frasco esquecido,
Envolto em cinza e pó, já meio carcomido,

Serei o teu sepulcro, amável pestilência,

Testemunha fiel da tua virulência,
— Ó veneno infernal, angélica bebida
Que me vais dando a morte, e és toda a minha vida!

L - O Veneno

Consegue dar o vinho a um antro conspurcado
   Um luxo miraculoso,
Fazendo construir palácio majestoso
   No vapor rubro ou doirado,
Como o sol ao expirar n'um dia nebuloso.

Faz aumentar o ópio as regiões siderais,
   Alongando a Imensidade;
Profunda o tempo, e alarga a voluptuosidade,
   E de prazeres infernais
Atafulha a noss'alma até á saciedade.

Mas tudo isso que é, comparado ao veneno
   Que esse verde olhar distila,
— Esmeraldino olhar, lago de agua tranquila,
   Em cujo cristal sereno
Minh'alma se retrata, e, trémula, cintila?

Mas tudo isso que é, comparada à saliva
   Da tua boca, fermento
Que mergulha a minh'alma em cego esquecimento,
   Sepultando-a, semi-viva,
No tenebroso mar do Aniquilamento? !

LI - Céu Turvo

Parece o teu olhar coberto de neblina;
A pupila (não sei se azul se esmeraldina),
Ora meiga e risonha, ora cruel e agreste,
Reproduz a indolência e a palidez celeste.

Fazes-me recordar os dias anuviados,
Em que se ouvem carpir os peitos namorados,
Quando, na ânsia de um mal desconhecido, enorme,
Os nervos vão bulir co'o espírito que dorme.

Ás vezes, lembras mesmo os céus esplendorosos
Das frias estações, dos meses invernosos...
Que brilho, que fulgor! Panorama orvalhado
Aquecendo-se á luz d'um dia enevoado!

Ó clima sedutor, ó esfinge brumosa!
Posso eu acaso amar-te, ó neve cor de rosa?
Como hei de eu descobrir nesse corpo invernal
Sensação que não seja a do gelo ou metal?

LII - O meu Gato

1

No meu cérebro passeia,
   Como em país conquistado,
   Um gato, forte e bonito,
   Muito meigo e sossegado.

O metal da sua voz
   É sempre rico e profundo,
   Quer mie baixo, fagueiro,
   Quer mie forte, iracundo.

E essa voz, que em mim se infiltra
   E corre todo o meu peito,
   É pra mim um amavio,
   Como um soneto bem feito.

Adormece a dor mais funda,
   Todos os bens sintetiza;
   Para dizer grandes cousas,
   De palavras não precisa.

Não existe, certamente.
   Arco igual, com tanto jeito
   Pra fazer vibrar as cordas
   Do violino do meu peito,

Como a tua voz, meu gato
   Estranho e misterioso,

Que em tudo lembras um anjo,
Subtil e harmonioso!

2

Seu lindo pelo trigueiro
Tem um olor delicado;
Uma vez, só de afagá-lo,
Fiquei logo perfumado.

É o meu amigo dileto,
Quem inspira os versos meus,
Quem me julga e me aconselha;
Talvez fada, talvez deus!

Quando os meus olhos no gato
Se fixam, imanizados,
E olho dentro de mim mesmo
Com meus olhos magoados,

Com que surpresa diviso
A pupila refulgente,
— Fanal claro, opala viva,
Fitar-me insistentemente!

LIII - A Corveta

Eu quero descrever, preguiçosa beldade,
Os peregrinos dons da tua mocidade;
    Esse dotes soberanos
Em que se alia a infância ao fulgor dos trinta anos.

Quando passas, movendo as saias, pelo asfalto,
Lembras uma corveta a singrar no mar alto,
    As velas pandas ao vento,
Num ritmo suave, enlanguescido e lento.

Sobre o pescoço forte e cheio, donairosa,
A cabeça gentil meneias, radiosa;
    Com majestade e bonança,
Prossegues tua marcha, imponente criança.

Eu quero descrever, preguiçosa beldade,
Os peregrinos dons da tua mocidade;
    Esses dotes soberanos
Em que se alia a infância ao fulgor dos trinta anos.

Teu colo, a palpitar, soerguendo o vestido,
Teu colo triunfal lembra um móvel polido
    De abaulados gavetões
Como argênteos broqueis, despedindo clarões;

Provocantes broqueis com bicos cor de rosa!
Armário encantador, despensa primorosa
    Com manjares escolhidos,
E vinhos de embriagar a alma e os sentidos!

Quando passas, movendo as saias, pelo asfalto,

Lembras uma corveta a singrar no mar alto,
    As velas pandas ao vento
N'um ritmo suave, enlanguescido, e lento.

As tuas pernas, sob as saias que as apertam,
Castigam as paixões obscuras que despertam,
    Como duas feiticeiras
Mexendo um filtro negro em fundas cafeteiras.

Teus braços, que não têm temor aos mais valentes,
Possuem o condão das gibolas luzentes;
    Podem abraçar o eleito,
E, apertando-o com força, imprimi-lo ao teu peito.

Sobre o pescoço forte e cheio, donairosa,
A cabeça gentil meneias, radiosa;
    Com majestade e bonança
Prossegues tua marcha, imponente criança!

LIV - Convidando à Viagem

Gentil criatura,
Pensa na doçura
De irmos viver lado a lado!
Amar sem sofrer,
Amar e morrer
N'aquele país amado
Onde a natureza,
De estranha beleza,
Tem o misterioso encanto,
O brilho e o fulgor
Dos teus olhos, flor,
Quando orvalhados de pranto.

Lá, tudo é paz e harmonia,
Luxo, beleza, magia!

Móveis sumptuosos,
Antigos, lustrosos,
Nossa alcova adornariam;
As mais belas flores
Seus meigos olores
Ao âmbar misturariam;
Cristais e brocados,
Tetos decorados,
Um esplendor oriental,
Tudo falaria
Á alma erradia
A sua língua natal.

Lá, tudo é paz e harmonia,
Luxo, beleza, magia!

Nas águas dormentes,
Não vês, indolentes,
Barcos de humor vagabundo?
Para te servir,
Prontos a partir,
Vieram do fim do mundo.
— Quando o dia finda,
Ai que luz tão linda
Banha os canais e a cidade!
Como loira messe,
O mundo adormece
N'uma ardente claridade...

Lá, tudo é paz e harmonia,
Luxo, beleza, magia!

LV - Irreparável

1

Podemos nós banir o remorso implacável,
    Que em nosso peito faz ninho,
E se nutre de nós como um verme insaciável,
    Como o caruncho daninho?
Podemos nós banir o remorso implacável?

Em que filtro ou licor, em que vinho ou tisana,
    Afogar quem nos fatiga,
Guloso e destruidor qual frívola mundana,
    Paciente como a formiga?
Em que filtro ou licor? — em que vinho ou tisana?

Ó feiticeira ideal, dize-mo tu, oh! di-lo
    Á minh'alma timorata,
Que lembra um moribundo ao ver a contundi-lo
    D'um cavalo a férrea pata!
Ó feiticeira ideal, dize-mo tu, oh! di-lo

Ao ente a agonizar que o lobo já fareja,
    E a quem o corvo procura,
Ao soldado infeliz que, suspirando, almeja
    Pela paz da sepultura;
Ao ente a agonizar que o lobo já fareja!

Pode alguém colorir um céu negro e lodoso?
    Rasgar a treva sombria,
Mais negra que o carvão, sem astro luminoso,
    Sem uma luz fugidia?

Pode alguém colorir um céu negro e lodoso?

A Esperança que brilhava outrora na Pousada
    Extinguiu-se, morreu já!
Sem uma luz que a oriente, a alma transviada
    Onde é que se albergará?
Satanás apagou as luzes da Pousada!

Feiticeira gentil, amas os condenados
    Que não logram remissão?
Conheces do Remorso os tiros disparados
    Ao alvo do coração?
Feiticeira gentil, amas os condenados?

O Irreparável rói co'a dentuça maldita
    Nossa alma, piedoso hospício.
E por vezes ataca, assim como a térmita,
    Pela base o edifício.
O Irreparável rói co'a dentuça maldita!

2

Algumas vezes vi, nas mágicas banais,
    Ao som de orquestras sonoras,
A fadas converter negros céus infernais
    Em deslumbrantes auroras;
Algumas vezes vi, nas mágicas banais,

Um pequenito ser, a espargir claridade,
    Satanás afugentar;

Mas o meu pobre peito, em negra soledade,

Cansa-se em vão a esperar
O pequenino ser a espargir claridade!

LVI - Conversação

Tu és qual lindo céu de outono, róseo e largo!
Mas a tristeza em mim lembra revolto oceano
Que aos meus lábios imprime, em seu fragor insano.
A acidez do limão, um paladar amargo.

Retira do meu peito, ó deusa, a tua mão;
Eu sei, ó minha amiga, o que buscas e queres
Mas os dentes cruéis, as garras das mulheres,
Levaram-me o melhor do pobre coração!

Meu peito é como um lar pela turba profanado
Com cenas de embriaguez e lutas carniceiras!
— Ai que perfume exala o teu colo rosado!...

Ó Beleza, ó cruel flagelo, assim ó queres!
No teu ardente olhar, nessas vivas fogueiras,
Calcina o que escapou das garras das mulheres!

LVII - Canto de Outono

Vamos, prestes, entrar na frígida estação;
Adeus, fulgente luz dos dias estivais!
Ouço descarregar, com notas sepulcrais,
A lenha destinada ao lume do fogão.

Torna a invadir meu ser todo o inverno: terror,
Ódio, raiva, paixão, constante mal-estar;
E, como o rubro sol na fornalha polar,
Transforma-se meu peito em brasa sem calor.

Escuto, horrorizado, as madeiras caindo;
Um cadafalso a erguer não produz som mais triste.
Como torre ou castelo, a alma não resiste
Aos botes que o ariete, audaz, vae despedindo.

Embalado pelo som monótono, parece
Que pregam um caixão, á pressa, aqui ao lado...
O Estio vae morrer... O Outono está chegado!
O misterioso som lembra piedosa prece.

*

Eu amo a verde luz do teu profundo olhar,
Mas não ha nada já que minh'alma comova;
Bem mais que teu amor e tua alegre alcova
Vale hoje para mim o sol beijando o mar.

Mas não deixes de amar-me, ó alma boa e pia!
Serve de mãe ao triste, á ingrata criatura;

Amante ou minha irmã, sê a efêmera doçura
D'um glorioso outono ou de um sol na agonia.

Tenho a cova a esperar l... será curta a missão.
Oh! deixa em teu regaço a fronte repousar,
E, chorando o estio ardente, saborear
A amarelada luz d'este fim de estação!

LVIII - A uma Madona

Madona, minha amante, eu quero te elevar,
No melhor do meu ser, um subterrâneo altar;
Abrir no coração, recatado, escondido,
Longe dos maus, do olhar do mundo pervertido,
Um lindo nicho azul de cúpula doirada,
E ali hei de erigir-te, Imagem, deslumbrada!
Com meus Versos subtis, do mais puro metal,
N'um paciente labor, com rimas de cristal,
Formarei um Diadema enorme pra toucar-te;

E com meu próprio ciúme hei de saber talhar-te,
Ó Madona terrestre, um Manto inigualado,
Sóbrio e farto burel de Suspeitas forrado,
Que, como uma guarita, encerre o teu encanto;
Bordá-lo-ei depois co'as perlas do meu Pranto!
Teu Vestido será meu Desejo fremente,
Que ora sobe ora desce, inquieto, impaciente,
A baloiçar no monte, a repoisar no prado,
De beijos a vestir teu corpo albi-rosado.
Farei do meu Respeito os Chapins pequeninos
Com que heide preservar-te os pezinhos divinos,
E onde se ha de imprimir, como em cera ou em neve,
A forma do teu pé, tão pequeno e tão leve.
Mau grado o meu esforço e toda a minha arte,
Não podendo uma Lua argêntea colocar-te
Á laia de Escabelo, hei de a teus pés depor
A Serpente infernal, o monstro roedor
Que me lacera o peito, e tu has de-a pisar,
Como um verme soez, sob o teu calcanhar.
Verás então fulgir a luz dos Sonhos meus,
Como Círios no altar da Virgem mãe de Deus,
Iluminando o fundo azul do teu abrigo,
O teu vulto a envolver n'um doce olhar amigo!

E como te estremece o que ha de bom em mim,
Tudo transformarei em Nardo e Benjoim.
E em ondas de vapor, branca Serra nevada,
Ha de elevar-se a ti, minh'Alma atormentada.

E para completar teu papel de Maria,
E para conjugar o amor co'a barbaria,

Ó negra embriaguez! dos Pecados mortais,
Carrasco bestial, farei sete Punhais,
Cortantes a valer, e a um por um, a eito,
A todos cravarei, ó Virgem, no teu peito,
Em pleno Coração, no teu peito anhelante,
Em teu peito a sangrar, Madona, minha amante!

LIX - Canção da Sésta

Embora no teu olhar
Não brilhe a calma das santas,
Não deixarei de te amar,
Feiticeira que me encantas,

Ó volúvel, eu te quero
Com uma ardente paixão,
Como um devoto sincero
Á sua religião.

Tua basta cabeleira
É uma selva olorosa;
A cabeça prazenteira:
Esfinge misteriosa;

Tua carne palpitante
É um turib'lo permanente;
Minha noite deslumbrante,
Ninfa tenebrosa e quente!

Tu ressuscitas um morto
Do teu olhar com a ardência;
Não ha filtro nem conforto
Que valha a tua indolência!

Teus flancos são orgulhosos
Das tuas graças trigueiras;
Os teus modos langorosos
Fascinam as travesseiras.

Às vezes, para aplacares

A raiva que te flagela,
Dás-me, preciosos manjares,
Quanto beijo e mordidela!

Dilaceras-me, querida,
Maldosa, a rir, a brincar,
E pra curar a ferida
Dás-me a luz d'um meigo olhar.

Sob os teus pés pequeninos,
Sob os teus chapins risonhos,
Eu coloco os meus destinos,
O meu talento, os meus sonhos,

E a minh'alma, que salvaste
Furtando a á treva funérea!
Luz viva que despontaste
Na minha fria Sibéria!

LX - Sisina

92

Imaginai Diana, em trajos deslumbrantes,
Batendo na floresta as moitas de espinheiros;
Ao vento o colo nu e as tranças luxuriantes,
Soberba, a desafiar os melhores cavaleiros!

Não vistes Théroigne, ébria pela carnagem,
Excitando ao assalto a canalha brutal,
Febril, no seu papel de grande personagem,
A invadir, sabre em punho, o palácio real?

A Sisina é assim, mas a gentil trigueira
É também caridosa, assim como é guerreira;
Não obstante a embriaguez do campo da batalha,

Ouvindo suplicar, serena por encanto,
E o seu peito assolado, enternecido, espalha
Sobre o ente infeliz o bálsamo do pranto.

LXI - Versos para o retrato de Honorato Daumier

Esta é a imagem d'aquele
Alto engenho incomparado
Que a saber rir de nós mesmos,
Leitor, nos tem ensinado.

Brinca e moteja de tudo;
Mas, quando nos pinta o Mal
E o seu cortejo de horrores,
Que energia! que moral!

Seu riso não é a máscara
Que um Mefisto se afivela,
Riso que lhe queima as faces,
E que as nossas almas gela.

Um tal riso é da Alegria
Soturna caricatura;
O seu, não; é claro, é franco,
Retrata a sua alma pura!

LXII - A Tampa

Onde quer que ele vá, na terra ou no oceano,
Sob um clima de fogo ou sob um céu gelado,
Missionário de Cristo ou D. João mundano,
Mendigo tenebroso ou rico potentado,

Cidadão, camponês, sedentário, gaudério,
Seja embora o seu cérebro ativo ou preguiçoso,
Ao homem sempre invade o terror do mistério,
E quando encara a altura é com o olhar medroso.

A altura o Céu! Caixão funéreo, grande estufa,
Teto jorrando luz sobre uma ópera bufa
Onde cada histrião n'um tremedal se arrasta;

Terror do libertino, esperança do eremita,
O Céu, o Céu! a tampa enorme da marmita
Onde ferve, mesquinha, a Humanidade vasta.

LXIII - A uma Senhora Creoula

No oloroso país que o sol acaricia,
Sob um rubro dossel de plantas trepadeiras,
Á sombra preguiçosa e amiga das palmeiras,
Encantadora creoula eu conheci um dia.

Que ardente palidez no seu rosto moreno!
Que graça juvenil no colo delicado!
Que donairoso corpo, esbelto e bem lançado!
Que tranquilo sorrir! que firme olhar sereno!

Se algum dia, Senhora, a França visitar,
O glorioso país dos rios Sena e Loire,
— Ó digna castelã dos tempos medievais,

A luz do seu olhar, nas alfombras discretas,
Fazendo enlouquecer os corações dos poetas,
Renderá a seus pés alguns escravos mais!

LXIV - Moesta et errabunda

Diz-me, o teu coração não tem voos, Donata?
Não se eleva do mar d'esta imunda cidade,
Buscando um outro oceano onde a luz se desata,
Clara, profunda e azul como é a virgindade?
Diz-me, o teu coração não tem voos, Donata?

O mar, o vasto mar, embala a nossa dor!
Quem demónio dotou o mar, cantor de fama,
Que acompanha o orfeão do vento roncador,
Com o sublime "ó-ó" da nossa velha ama?
O mar, o vasto mar, embala a nossa dor!

Transporta-me, vagão! conduze-me, fragata!
Longe I longe d'aqui l d'esta vala de horrores!
— Não te sucedeu já, minha triste Donata,
Dizer: – Longe do mal, d'este inferno de dores,
"Transporta-me, vagão I conduze-me, fragata?"

Que longe estás de nós, oásis perfumado,
Clara região azul cheia de amor e paz,
Onde tudo que existe inspira ser amado!
Onde n'um doce enlevo a alma se compraz!
Que longe estás de nós, oásis perfumado!

Mas o verde jardim dos amores de criança,
Os jogos, as canções, os beijos e os raminhos,
As festas ao ar livre, a turbulenta dança,
O vinho em canjirões, discretos segredinhos...
— Mas o verde jardim dos amores de criança,

o éden sem igual dos prazeres furtivos,

Onde é que se sumiu?'Stá na Índia ou na China?
Podemo-lo chamar com gritos aflitivos?
Porventura ouvirá nossa voz argentina
O éden sem igual dos prazeres furtivos?

LXV - Alma do outro mundo

Pela noite silenciosa,
Como um fantasma, entrarei
Na tua alcova olorosa,
E o teu leito alcançarei;

E na tua pele ardente
Darei beijos de metal,
E carícias de serpente,
Como um duende infernal.

Ao despontar da alvorada,
Hás de ver-te abandonada,
Regelido o meu lugar.

Como outros pela ternura,
Sobre ti, ó criatura,
Pelo terror vou reinar!

LXVI - Soneto outonal

Leio no teu olhar claro como um cristal:
"Que é que notas em mim que o teu amor excita?"
— Sê formosa, e emudece! Hoje tudo me irrita,
Exceto a candidez feminina ancestral;

Não queiras profundar meu segredo infernal,
História pavorosa a ferro e fogo escrita!
Deixa-me adormecer, sonhar, fada bendita!
Aborreço a paixão, como aborreço o mal!

Amemo-nos sem febre. O Amor, o deus astuto,
Tenebroso, embuscado, arma, no seu reduto,
Os pérfidos arpões, a trempe conhecida:

Crime, Loucura e Horror! — Ó meu lírio do val',
Não serás tu, como eu, triste sol outonal,
Ó pálida, ó gentil, ó fria Margarida?

LXVII - Tristeza da Lua

Com que indolência a Lua hoje no céu divaga!
Lembra gentil mulher, em perfumado leito,
Que, antes de repousar, blandiciosa, afaga
Com a mão distraída os contornos do peito.

Sobre o fofo divã das nuvens transparentes,
Expira, a contemplar, n'um gozo inigualado,
As fagueiras visões, níveas, opalescentes,
Que povoam o céu azul todo estrelado.

Se ás vezes do seu pranto uma lágrima escorre
Sobre a face da noite, e á terra chega viva,
Logo um piedoso poeta a lobriga e socorre;

E com desvelo e amor trata de a agasalhar,
Abrigando no peito a lágrima furtiva,
Onde não entra o Sol, que a faca evaporar!

LXVIII - Os Gatos

Os loucos de paixão, e os sábios mais prudentes,
Têm um amor igual, quando sexagenários,
Por esses animais de pupilas ardentes,
À sua imitação: friorentos, sedentários.

Devotos da ciência, amigos dos mistérios,
Procuram o silêncio, a treva, a quietação;
Por certo, eram de Erébo os ginetes funéreos,
Se a orgulhosa altivez dobram á escravidão.

Sabem tomar, sonhando, os modos imponentes
De esfinges colossais nas areias dormentes,
N'um profundo dormir, n'um sonho peregrino;

Os fecundantes rins geram chispas elétricas,
E as pupilas a arder, em labaredas tétricas,
Têm brilhos de areal, fulgências de ouro fino!

LXIX - Os Mochos

Sob os teixos onde habitam,
Os mochos formam em filas;
Fulgindo as rubras pupilas,
Mudos e quietos, meditam.

E assim permanecerão
Até o Sol se ir deitar
No leito enorme do mar,
Sob um sombrio edredão.

Do seu exemplo, tirai
Proveitoso ensinamento:
— Fugi do mundo, evitai

O bulício e o movimento...
Quem atrás de sombras vae,
Só logra arrependimento!

LXX - O Cachimbo

Trigueiro, negro, enfarruscado,
Sou o cachimbo d'um autor,
Incorrigível fumador,
Que me tem já quase queimado.

Quando o persegue ingente dor,
Eu, a fumar, sou comparado
Ao fogareiro improvisado
Para o jantar d'um lenhador.

Vae envolver-lhe a torva mente
O fumo azul e transparente
Da minha boca em erupção...

A sua dor, prestes, se acalma;
Leva-lhe o fumo a paz á alma,
Vae alegrar-lhe o coração!

LXXI - A Música

A música pra mim tem seduções de oceano!
    Quantas vezes procuro navegar,
Sobre um dorso brumoso, a vela a todo o pano,
    Minha pálida estrela a demandar!

O peito saliente, os pulmões distendidos
    Como o rijo velame d'um navio,
Intento desvendar os reinos escondidos
    Sob o manto da noite escuro e frio;

Sinto vibrar em mim todas as comoções
    D'um navio que sulca o vasto mar;
Chuvas e temporais, ciclones, convulsões

    Conseguem a minh'alma acalentar.
— Mas quando reina a paz, quando a bonança impera,
    Que desespero horrível me exaspera!

LXXII - Sepultura d'um poeta maldito

Se, em noite horrorosa, escura,
Um cristão, por piedade,
Te conceder sepultura
Nas ruínas d'alguma herdade,

As aranhas hão de armar
No teu'coval suas teias,
E nele irão procriar
Víboras e centopeias.

E sobre a tua cabeça,
A impedi-la que adormeça.
— Em constantes comoções,

Hás de ouvir lobos a uivar,
Das bruxas o praguejar,
E os conluios dos ladrões.

LXXIII - Uma gravura fantástica

Om vulto singular, um fantasma faceto,
Ostenta na cabeça horrível de esqueleto
Um diadema de lata, — único enfeite a orná-lo.
Sem espora ou ping'lim, monta um pobre cavalo,
Um espectro também, rocinante esquelético,
Em baba a desfazer-se como um epilético.
Atravessando o espaço, os dois lá vão levados.
O Infinito a sulcar, como dragões alados.

O cavaleiro brande um gládio chamejante
Por sobre as multidões que pisa o rocinante.
E como um gran-senhor, que seus reinos visite,
Percorre o cemitério enorme, sem limite,
Onde jazem, no alvor d'uma luz branca e terna,
Os povos da História antiga e da moderna.

LXXIV - O Morto Prazenteiro

Onde haja carações, n'um fecundo torrão,
Uma grandiosa cova eu mesmo quero abrir,
Onde repouse em paz, onde possa dormir,
Como dorme no oceano o livre tubarão

Detesto os mausoléus, odeio os monumentos,
E, a ter de suplicar as lágrimas do mundo,
Prefiro oferecer o meu carcaz imundo,
Qual precioso manjar, aos corvos agoirentos.

Verme, larva brutal, tenebroso mineiro,
Vae entregar-se a vós um morto prazenteiro,
Que livremente busca a treva, a podridão!

Sem piedade, minai a minha carne impura,
E dizei-me depois se existe uma tortura
Que não tenha sofrido este meu coração!

LXXV - O Tonel do Rancor

O Rancor é o tonel das Danaidas alvíssimas;
A Vingança, febril, grandes olhos absortos,
Procura em vão encher-lhe as trevas profundíssimas,
Constante, a despejar pranto e sangue de mortos

O Diabo faz-lhe abrir uns furos misteriosos
Por onde se extravasa o líquido em tropel;
Mil anos de labor, de esforços fatigosos,
Tudo seria vão para encher o tonel.

Rancor é qual ébrio em sórdida taverna,
Que quanto mais bebeu inda mais sede tem,
Vendo-a multiplicar como a hidra de Lerna.

— Mas se o ébrio feliz sabe com quem se avêm,
O Rancor, por seu mal, não logra conseguir,
Qual torvo beberrão, acabar por dormir.

LXXVI - O Sino Rachado

Como é amargo e bom, no inverno, junto ao lar,
Sentindo consumir a madeira que fuma,
Saudosas ilusões de outrora recordar,
Ouvindo os carrilhões bimbalhando na bruma.

Como o sino é feliz! Velhinho vigoroso,
Tem notas de cristal na conservada guela,
Fazendo retinir seu timbre religioso,
Como n'uma guarita a voz da sentinela!

Quanto a mim, a minh'alma está rachada, e quando
Procura uma canção desferir, povoando
O ar frio da noite, a sua voz exangue

Soa como o estertor d um soldado ferido,
Sob um grande montão de mortos, esquecido,
Manietado, a expirar n'um tremedal de sangue!

LXXVII - Obsessão

Os bosques para mim são como catedrais,
Com órgãos a ulular, incutindo pavor...
E os nossos corações, — jazidas sepulcrais,
De Profundis também soluçam, n'um clamor.

Odeio do oceano as iras e os tumultos,
Que retratam minh'alma! O riso singular
E amargo do infeliz, misto de pranto e insultos,
É um riso semelhante ao do soturno mar.

Ai! como eu te amaria, ó Noite, caso tu
Pudesses alijar a luz que te constela,
Porque eu procuro o Nada, o Tenebroso, o Nu!

Que a própria escuridão é também uma tela,
Onde vejo fulgir, na luz dos meus olhares,
Os entes que perdi, — espectros familiares!

LXXVIII - Sedução do Nada

Ó espírito meu, na apatia e no luto,
Que é do fogo de outrora, aquele antigo ardor
Que a Esperança esporeou?... Vá, não tenhas pudor,
Estende-te a dormir, cavalo irresoluto!

Descansa, coração; dorme em paz como um bruto.

Espírito vencido e escarnecido! O amor
E a luta já não têm para ti seduções;

Adeus, cantos gazís, meigas orquestrações!
Prazeres, não tenteis meu peito sem calor!

Perdeu a Primavera o seu perfume e cor!

O Tempo, dia a dia, afunda-me consigo,
Como a neve cobrindo um corpo regelado;
Do alto, vejo a meus pés o globo arredondado,
Onde nem já procuro o mais pequeno abrigo!

Avalancha, não queres sepultar-me contigo?

LXXIX - Spleen

Quando o cinzento céu, como pesada tampa,
Carrega sobre nós, e nossa alma atormenta,
E a sua fria cor sobre a terra se estampa,
O dia transformado em noite pardacenta;

Quando se muda a terra em húmida enxovia
D'onde a Esperança, qual morcego espavorido,
Foge, roçando ao muro a sua asa sombria,
Com a cabeça a dar no teto apodrecido;

Quando a chuva, caindo a cântaros, parece
D'uma prisão enorme os sinistros varões,
E em nossa mente em febre a aranha fia e tece,
Com paciente labor, fantásticas visões,

— Ouve-se o bimbalhar dos sinos retumbantes,
Lançando para os céus um brado furibundo,
Como os doridos ais de espíritos errantes
Que a chorar e a carpir se arrastam pelo mundo;

Soturnos funerais deslizam tristemente
Em minh'alma sombria. A sucumbida Esperança,
Lamenta-se, chorando; e a Angustia, cruelmente,
Seu negro pavilhão sobre os meus ombros lança!

LXXX - Tédio

Tenho as recordações d'um velho milenário!

Um grande contador, um prodigioso armário,
Cheiinho, a abarrotar, de cartas, memoriais,
Bilhetinhos de amor, recibos, madrigais,
Mais segredos não tem do que eu na mente abrigo.
Meu cérebro faz lembrar descomunal jazigo;
Nem a vala comum encerra tanto morto!

— Eu sou um cemitério estranho, sem conforto,
Onde vermes aos mil — remorsos doloridos,
Atacam de preferência os meus mortos queridos.
Eu sou um toucador, com rosas desbotadas,
Onde jazem no chão as modas desprezadas,
E onde, sós, tristemente, os quadros de Boucher
Fruem o doce olor d'um frasco de Gellé.

Nada pôde igualar os dias tormentosos
Em que, sob a pressão de invernos rigorosos,
Tédio, fruto infeliz da incuriosidade,
Alcança as proporções da Imortalidade.

— Desde hoje, não és mais, ó matéria vivente,
Do que granito envolto em terror inconsciente.
A emergir d'um Saara movediço, brumoso!
Velha esfinge que dorme um sono misterioso,
Esquecida, ignorada, e cuja face fria
Só brilha quando o Sol dá a *boa-noite* ao dia!

FIM

O Autor

Charles Baudelaire, na íntegra Charles-Pierre Baudelaire, (1821 - 1867), poeta francês, tradutor e crítico literário e de arte cuja reputação repousa principalmente em *Les Fleurs du mal* (1857; *As flores do Mal*), que foi talvez a coleção de poesia mais importante e influente publicada na Europa no século XIX. Da mesma forma, seu *Petits poèmes en prosa* (1868; "Pequenos Poemas em Prosa") foi o experimento inicial mais bem-sucedido e inovador em poesia em prosa da época.

Baudelaire era filho único de François Baudelaire e de sua segunda esposa, muito mais jovem, Caroline Defayis, com quem se casou em 1819. Tendo começado sua carreira como padre, François abandonou as ordens sagradas em 1793 e acabou se tornando um próspero funcionário público de nível médio. Pintor e poeta de talento modesto, ele apresentou a arte a seu filho, ou o que o Baudelaire mais jovem posteriormente chamaria de sua maior, mais consumidora e mais antiga das paixões, "o culto das imagens". Seu pai morreu em fevereiro de 1827, e por cerca de 18 meses depois disso Baudelaire e sua mãe viveram juntos nos arredores de Paris em condições de que ele sempre se lembraria, escrevendo para ela em 1861 sobre aquele "período de amor apaixonado" por ela quando "Eu estava para sempre vivo em você; você era única e completamente minha. " Este "paraíso verdejante de amores infantis" terminou abruptamente em novembro de 1828, quando Caroline se casou com Jacques Aupick, um soldado de carreira que ascendeu ao posto de general e que mais tarde serviu como embaixador da França no Império Otomano e na Espanha antes de se tornar senador durante o Segundo Império.

Em 1831, Aupick foi enviado para Lyons, e Baudelaire começou sua educação no Collège Royal lá em 1832 antes de se transferir, no retorno da família a Paris em 1836, para o prestigioso Lycée Louis-le-Grand. Baudelaire mostrou-se promissor como aluno e começou a escrever seus primeiros poemas, mas para seus mestres parecia um exemplo de depravação precoce, adotando o que eles chamavam de "afetações inadequadas para sua idade". Ele também desenvolveu uma tendência a estados de intensa melancolia e percebeu que era solitário por natureza. Atos regulares de indisciplina o levaram a ser expulso da escola após um incidente trivial em abril de

1839. Depois de passar nos exames de bacharelado enquanto estava matriculado no Collège Saint-Louis, Baudelaire tornou-se um estudante nominal de direito na École de Droit, enquanto na realidade liderava uma "vida livre" no Quartier Latin. Lá ele fez seus primeiros contatos no mundo literário e também contraiu a doença venérea que acabaria por matá-lo, provavelmente de uma prostituta apelidada de Sarah la Louchette ("Sarah Olhos Vesgos"), que ele celebrou em alguns de seus primeiros poemas mais comoventes .

Em uma tentativa de afastar seu enteado de uma empresa tão desonrosa, Aupick o enviou em uma viagem prolongada à Índia em junho de 1841, mas Baudelaire efetivamente abandonou o navio nas Maurícias e, depois de algumas semanas lá e em Réunion, voltou à França em fevereiro de 1842. A viagem aprofundou e enriqueceu sua imaginação, entretanto, e seu breve encontro com os trópicos daria à sua escrita uma abundância de imagens e sensações exóticas e um tema eterno de devaneio nostálgico.

Baudelaire recebeu sua herança em abril de 1842 e rapidamente passou a dissipá-la no estilo de vida de um dândi homem de letras, gastando livremente em roupas, livros, pinturas, comida e vinhos caros e, não menos importânte, haxixe e ópio, que ele primeiro experimentou em seu apartamento em Paris no Hôtel Pimodan (hoje Hôtel Lauzun) na Île Saint-Louis entre 1843 e 1845. Foi logo após retornar dos Mares do Sul que Baudelaire conheceu Jeanne Duval, que, primeiro como sua amante e depois, após meados da década de 1850, como seu encargo financeiro, deveria dominar sua vida pelos próximos 20 anos. Jeanne inspiraria a poesia de amor mais angustiada e sensual de Baudelaire, seu perfume e, acima de tudo, seu magnífico cabelo preto esvoaçante, provocando obras-primas da imaginação exótico-erótica como "La Chevelure" ("The Head of Hair").

A extravagância contínua de Baudelaire exauriu metade de sua fortuna em dois anos, e ele também foi vítima de trapaceiros e agiotas, lançando assim as bases para um acúmulo de dívidas que o deixaria aleijado pelo resto de sua vida. Em setembro de 1844, sua família impôs-lhe um arranjo legal que restringia seu acesso à sua herança e o tornava efetivamente menor de idade. A modesta mesada anual que passou a ser concedida a ele foi insuficiente para saldar suas dívidas, e o estado resultante de finanças permanentemente estreitas levou-o a uma dependência emocional e financeira ainda maior de sua mãe e também exacerbou seu crescente ódio por seu padrasto. Os humores agonizantes de isolamento e desespero que Baudelaire conhecera na adolescência, e que chamava de seus humores de "baço", voltaram e se tornaram mais frequentes.

Baudelaire havia retornado dos mares do Sul em 1842 determinado como nunca antes a se tornar um poeta. De então até 1846, ele provavelmente compôs a maior parte dos poemas que compõem a primeira edição (1857) de *Les Fleurs du mal*. Ele se absteve de publicá-los como textos separados, no entanto, o que sugere que desde o início ele tinha em mente uma coleção coerente governada por uma arquitetura temática restrita, em vez de uma simples sequência de poemas independentes. Em outubro de 1845, ele anunciou o aparecimento iminente de uma coleção intitulada "Les Lesbiennes" ("As Lésbicas"), seguida, em intervalos após 1848, por "Les Limbes" ("Limbo"), cujo objetivo declarado era "representar as agitações e melancolias da juventude moderna." Nenhuma das coleções apareceu em forma de livro, no entanto, e Baudelaire se estabeleceu pela primeira vez no meio cultural parisiense não como poeta, mas como crítico de arte com suas resenhas dos Salões de 1845 e 1846. Inspirado pelo exemplo do pintor romântico Eugène

Delacroix, ele elaborou em seus *Salons* uma ampla teoria da pintura moderna, com os pintores sendo instados a celebrar e expressar o "heroísmo da vida moderna". Em janeiro de 1847, Baudelaire publicou uma novela intitulada *La Fanfarlo*, cujo herói, ou anti-herói, Samuel Cramer, é amplamente, embora de forma simplista, visto como um autorretrato do autor enquanto ele oscila agonizantemente entre o desejo pela maternal e respeitável Madame de Cosmelly e a atriz-dançarina erótica do título.

A partir de então, pouco se ouviu falar de Baudelaire até fevereiro de 1848, quando é amplamente relatado que ele participou dos motins que derrubaram o rei Luís Filipe e instalaram a Segunda República; um relato não corroborado mostra-o brandindo uma arma e incitando os insurgentes a atirar no general Aupick, que era então diretor da École Polytechnique. Essas histórias levaram alguns a rejeitar o envolvimento de Baudelaire nos eventos revolucionários de 1848-51 como mera rebeldia por parte de um poeta burguês insatisfeito (e ainda não publicado). Estudos mais recentes sugerem que ele tinha um sério compromisso com um ponto de vista político radical que provavelmente se assemelhava ao do socialista-anarquista Pierre-Joseph Proudhon. Baudelaire é relatado com segurança por ter participado tanto do levante da classe trabalhadora de junho de 1848 quanto da resistência ao golpe militar bonapartista de dezembro de 1851; este último, afirmou ele logo depois, pôs fim a seu interesse ativo pela política. Doravante, seu foco seria exclusivamente em sua escrita.

Em 1847, Baudelaire descobriu a obra de Edgar Allan Poe. Oprimido pelo que considerava as semelhanças quase sobrenaturais entre o pensamento e o temperamento do escritor americano e o seu próprio, ele embarcou na tarefa de tradução que lhe proporcionaria sua ocupação e renda mais regulares para o resto de sua vida. Sua tradução da *Revelação Mesmérica* de Poe apareceu já em julho de 1848, e depois disso as traduções apareceram regularmente em resenhas antes de serem coletadas em forma de livro em *Histoires extraordinaires* (1856; "Contos Extraordinários") e *Nouvelles Histoires extraordinaires* (1857; "Novos Contos Extraordinários"), cada um precedido por uma importante introdução crítica de Baudelaire. Seguiram-se *Les Aventures d'Arthur Gordon Pym* (1857), *Eurêka* (1864) e *Histoires grotesques et sérieuses* (1865; "Contos Sérios e Grotescos"). Como traduções, essas obras são, no seu melhor, clássicos da prosa francesa, e o exemplo de Poe deu a Baudelaire maior confiança em suas próprias teorias estéticas e ideais de poesia. Baudelaire também começou a estudar a obra do teórico conservador Joseph de Maistre, que, junto com Poe, impulsionou seu pensamento em uma direção cada vez mais antinaturalista e anti-humanista. A partir de meados da década de 1850, Baudelaire se consideraria um católico romano, embora sua obsessão com o pecado original e o Diabo permanecesse desacompanhada da fé no perdão e no amor de Deus, e sua cristologia estivesse empobrecida ao ponto da inexistência.

Entre 1852 e 1854 Baudelaire dirigiu uma série de poemas a Apollonie Sabatier, celebrando-a, apesar de sua reputação de cortesã de alta classe, como sua madona e musa, e em 1854 ele teve uma breve ligação com a atriz Marie Daubrun. Nesse ínterim, a crescente reputação de Baudelaire como tradutor de Poe e como crítico de arte finalmente permitiu-lhe publicar alguns de seus poemas. Em junho de 1855, a *Revue des deux mondes* publicou uma sequência de dezoito de seus poemas sob o título geral de *Les Fleurs du mal*. Os poemas, que Baudelaire escolhera por seu estilo original e temas surpreendentes, trouxeram-lhe notoriedade. No ano seguinte, Baudelaire assinou um contrato com a editora Poulet-Malassis para a publicação de uma coletânea de poesias de longa duração com esse título. Quando a primeira edição de *Les Fleurs du mal* foi publicada em junho de 1857, treze de seus cem poemas foram imediatamente denunciados por ofensas à religião ou à moral pública. Depois de um julgamento de um dia em 20 de agosto de 1857, seis dos poemas foram ordenados a serem removidos do livro sob a alegação de obscenidade, com Baudelaire incorrendo em uma multa de 300 (mais tarde reduzida para 50) francos. Os seis poemas foram republicados pela primeira vez na Bélgica em 1866 na coleção *Les Épaves* ("Destroços"), e a proibição oficial deles não seria revogada até 1949. Devido em grande parte a essas circunstâncias, *Les Fleurs du mal* tornou-se sinônimo de depravação, morbidez e obscenidade, e nasceu a lenda de Baudelaire como o dissidente condenado e poeta pornográfico.

O fracasso de *Les Fleurs du mal*, do qual ele tanto esperava, foi um duro golpe para Baudelaire, e os anos restantes de sua vida foram obscurecidos por uma crescente sensação de fracasso, desilusão e desespero. Pouco depois da condenação de seu livro, ele teve uma breve e aparentemente malograda ligação física com Apollonie Sabatier, seguida, no final de 1859, por uma reunião igualmente breve e infeliz com Marie Daubrun. Embora Baudelaire tenha escrito algumas de suas melhores obras nesses anos, poucas foram publicadas em livro. Depois de publicar seus primeiros experimentos em poesia em prosa, ele começou a preparar uma segunda edição de *Les Fleurs du mal*. Em 1859, enquanto vivia com sua mãe em Honfleur no estuário do rio Sena, onde ela se aposentou após a morte de Aupick em 1857, Baudelaire produziu em rápida sucessão uma série de obras-primas poéticas começando com "Le Voyage" em janeiro e culminando no que é amplamente considerado seu maior poema individual, "Le Cygne" ("O Cisne"), em dezembro. Ao mesmo tempo, ele compôs dois de seus ensaios mais provocantes em crítica de arte, o "Salon de 1859" e "Le Peintre de la vie moderne" ("O Pintor da Vida Moderna"). O último ensaio, inspirado pelo desenhista Constantin Guys, é amplamente visto como uma declaração profética dos principais elementos da visão e estilo impressionistas uma década antes do surgimento real dessa escola. O ano de 1860 viu a publicação de *Les Paradis artificiels*, a tradução de Baudelaire de seções do ensaísta inglês Thomas De Quincey, *Confessions of an English Opium-Eater*, acompanhada por sua própria análise investigativa e condenação às drogas. Em fevereiro de 1861, uma segunda edição de *Les Fleurs du mal* foi publicada por Poulet-Malassis. Concomitantemente, Baudelaire publicou importantes ensaios críticos sobre Théophile Gautier (1859), Richard Wagner (1861), Victor

Hugo e outros poetas contemporâneos (1862) e Delacroix (1863), todos os quais seriam coletados após sua morte em *L'Art Romantique* (1869). Os tentadores fragmentos autobiográficos intitulados *Fusées* ("Foguetes") e *Mon coeur un nu* ("Meu Coração Desnudo ") também datam da década de 1850 e início dos anos 60.

Em 1861, Baudelaire fez uma tentativa imprudente e malsucedida de ganhar a eleição para a Academia Francesa. Em 1862, o Poulet-Malassis foi declarado falido; Baudelaire estava envolvido no fracasso de seu editor e suas dificuldades financeiras tornaram-se desesperadoras. A essa altura, ele estava em um estado crítico tanto física quanto psicologicamente, e sentindo o que ele chamou de "o vento da asa da imbecilidade" passar sobre ele. Abandonando a poesia em verso como meio, Baudelaire agora se concentrava em escrever poemas em prosa, uma sequência de vinte dos quais foi publicada em *La Presse* em 1862. Em abril de 1864, ele trocou Paris por Bruxelas na esperança de persuadir uma editora belga a publicar suas obras completas. Ele permaneceria na Bélgica, cada vez mais amargurado e empobrecido, até o verão de 1866, quando, após um colapso na Igreja de Saint-Loup em Namur, foi acometido de paralisia e afasia das quais jamais se recuperaria. Baudelaire morreu aos 46 anos na casa de repouso de Paris, onde esteve confinado durante o último ano de sua vida.

Na época da morte de Baudelaire, muitos de seus escritos não haviam sido publicados e os que haviam sido publicados estavam esgotados. Isso logo mudaria, no entanto. Os futuros líderes do movimento simbolista que compareceram ao seu funeral já se descreviam como seus seguidores e, no século 20, ele era amplamente reconhecido como um dos maiores poetas franceses do século XIX.